¡ES UNA RANA ARBÓREA DE OJOS ROJOS!

por Tessa Kenan

BUMBA BOOKS™ en español

EDICIONES LERNER ◆ MINNEAPOLIS

Nota para los educadores:

En todo este libro, usted encontrará preguntas de reflexión crítica. Estas pueden usarse para involucrar a los jóvenes lectores a pensar de forma crítica sobre un tema y a usar el texto y las fotos para ello.

ediciones Lerner
Una división de Lerner Publishing Group, Inc.
241 First Avenue North
Mineápolis, MN 55401, EE. UU.

Si desea averiguar acerca de niveles de lectura y para obtener más información, favor consultar este título en www.lernerbooks.com

Library of Congress Cataloging-in-Publication Data

Names: Kenan, Tessa.
Title: ¡Es una rana arbórea de ojos rojos! / por Tessa Kenan.
Other titles: It's a red-eyed tree frog! Spanish
Description: Minneapolis : Ediciones Lerner, [2018] | Series: Bumba books en español. Animales de la selva tropical | Audience: Age 4–7. | Audience: Grade K to grade 3. | Includes bibliographical references and index.
Identifiers: LCCN 2016054209 (print) | LCCN 2016056125 (ebook) | ISBN 9781512441284 (lb : alk. paper) | ISBN 9781512454116 (pb : alk. paper) | ISBN 9781512449716 (eb pdf)
Subjects: LCSH: Red-eyed treefrog—Juvenile literature. | Rain forest animals—Juvenile literature.
Classification: LCC QL668.E24 K4618 2018 (print) | LCC QL668.E24 (ebook) | DDC 591.734—dc23

LC record available at https://lccn.loc.gov/2016054209

Fabricado en los Estados Unidos de América
1 — CG — 7/15/17

LERNER SOURCE

Expand learning beyond the printed book. Download free, complementary educational resources for this book from our website, www.lerneresource.com.

Tabla de contenido

Las ranas arbóreas de ojos rojos

Las ranas arbóreas de ojos rojos viven en las selvas tropicales.

Estas ranas viven en los árboles.

Sus pies se pegan a las hojas de los árboles.

6

Estas ranas necesitan un lugar húmedo donde vivir. Las selvas tropicales son muy húmedas. Ahí llueve casi todos los días.

¿Por qué piensas que las selvas tropicales son buenos hogares para las ranas?

Las ranas arbóreas de ojos rojos

son pequeñas.

Cada una es más pequeña

que una flor.

9